LA
CONTRAINTE PAR CORPS

ET LES
CHEMINS VICINAUX

PAR

Le Dʳ GOAHEAD

(Extrait du Journal des Connaissances Utiles)

Prix : 1 Franc

PARIS

LIBRAIRIE DES CONNAISSANCES UTILES

A. TOLMER ET Cⁱᵉ, ÉDITEURS

1879

LA
CONTRAINTE PAR·CORPS

ET LES

CHEMINS VICINAUX

PAR

Le Dʳ GOAHEAD

(Extrait du Journal des Connaissances Utiles)

Prix : 1 Franc

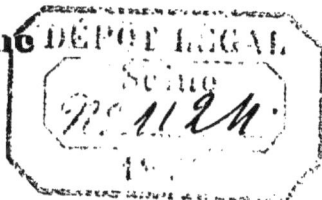

PARIS

LIBRAIRIE DES CONNAISSANCES UTILES

A. TOLMER ET Cⁱᵉ, ÉDITEURS

1879

LA CONTRAINTE PAR CORPS

ET

LES CHEMINS VICINAUX

I

L'incarcération pour dettes a certainement son origine dans l'esclavage. Les nations qui considéraient la liberté comme un privilége, devaient trouver juste d'en priver ceux qui manquaient à leurs engagements pécuniaires. On connaît l'extrême dureté des lois romaines envers les débiteurs. Le christianisme n'adoucit guère ces pratiques. En France, la contrainte par corps s'exerça de plein droit, pour toutes espèces de dettes, jusqu'en l'année 1304 où une ordonnance n'en permit plus l'usage que contre ceux qui s'y seraient volontairement soumis. Donner sa personne en gage paraissait alors tout simple, et ce ne fut que deux siècles plus tard que Shakspeare stigmatisa, dans une pièce immortelle, la sauvagerie de semblables contrats.

Sous Louis XIV, les ordonnances de 1667 et de 1673 établirent une distinction entre les dettes civiles et les dettes commerciales, au point de vue de la contrainte par corps. Aboli par la Convention, sauf à l'égard des comptables de deniers publics, ce mode de poursuite fut rétabli par la loi du 14 ventôse an V, et réglementé par une seconde loi du 15 germinal an VI, dont quelques dispositions ont passé dans la législation contemporaine. Deux autres lois, des 4 floréal an VI et 10 septembre 1807, en autorisèrent l'emploi contre les étrangers non domiciliés en France, mais débiteurs de créanciers français.

Les prescriptions sévères de ces lois, les conditions défectueuses dans lesquelles elles étaient exécutées, provoquèrent, durant la Restauration, diverses propositions dues à l'initiative parlementaire, mais qui demeurèrent sans résultat, car le Code forestier, promulgué le 21 août 1827, régla, d'après les errements anciens, l'exercice de la contrainte par corps contre les débiteurs de condamnations pour délits dans les forêts. Ce ne fut qu'après la révolution de Juillet, que la loi générale des 17-19 avril 1832 édicta des dispositions plus douces et réduisit le nombre des cas de contrainte. Depuis lors le législateur n'a plus touché à cette partie de notre droit public que pour en atténuer les rigueurs.

Ainsi la faculté de contraindre par corps, que le gouvernement républicain avait suspendue en février 1848, ne fut restituée aux créanciers par une loi du 13 décembre de la même année qu'avec de nouveaux adoucissements pour les débiteurs.

De même, la loi du 22 juillet 1867 a fait revivre le décret de la Convention en supprimant la contrainte par corps en matière commerciale, civile et contre les étrangers; mais elle l'a maintenue en matière criminelle, correctionnelle et de police. Ce maintien a été justifié par le caractère de l'incarcération alors exercée contre un coupable frappé par un tribunal de répression et qui doit être forcé d'exécuter la condamnation prononcée contre lui. A l'égard des condamnés réputés insolvables, on a fait observer qu'ils peuvent cacher un pécule et que, dans ce cas, l'emprisonnement est le seul moyen de donner force à la justice. Un sentiment d'humanité avait néanmoins motivé l'abandon de l'incarcération pour le recouvrement des frais de justice : une dernière loi du 19 octobre 1871 est revenue sur cet abandon.

La contrainte par corps ne peut donc plus être exercée actuellement que par les comptables du Trésor contre les débiteurs d'amendes et de condamnations pécuniaires émanant d'un tribunal de répression.

Ces comptables demeurent juges de l'opportunité de la contrainte contre les débiteurs solvables, et les condamnés insolvables à incarcérer leur sont désignés par les magistrats du ministère public, ou par les agents forestiers quand il s'agit de condamnations prononcées à la requête de ceux-ci (1).

Voici les résultats que produit l'application de ces mesures.

(1) Décisions du ministre des finances du 2 novembre 1829 et du 17 janvier 1852.

II

Suivant le compte rendu de l'administration de la justice criminelle en 1875, le dernier qu'ait publié la chancellerie, la contrainte par corps a été exercée durant cette même année contre 5,217 individus, dont 4,704 condamnés pour délits ordinaires et 513 délinquants forestiers. Sur ce total, le compte rendu en désigne 2,197 comme solvables.

En réduisant la durée de la détention de chacun de ces individus au minimum du temps indiqué dans le même document pour chaque catégorie de condamnations, on trouve que les délinquants ordinaires ont dû passer au moins 111,833 journées et les délinquants forestiers au moins 7,484 journées dans les maisons de justice. Or, la dépense d'entretien d'un détenu dans ces maisons est évaluée à 0,665 par jour (1) ; le Trésor a donc dépensé en 1875 pour l'entretien des 5,217 individus contraints par corps........................ 79,345 fr. 81

Il a payé en outre : 1° pour le salaire de l'huissier qui a signifié le commandement préalable à l'incarcération, 2 fr. en moyenne (2) ; abs-

A reporter..... 79, 345 fr. 81

(1) Budget de 1878, ministère de l'intérieur, chap. XV.
(2) Décret du 16 février 1807, art. 28, § 1, et 29, § 71.

Report.... 79,345 f. 81

traction faite des droits de timbre et d'enregistrement de l'exploit, soit au total.......................... 10,434 »

2° pour la prime de capture aux gendarmes, 3 fr. au moins par individu (1)....................... 15,651 »

Total de la dépense, abstraction faite des droits de timbre et d'enregistrement des commandements, ainsi que des frais de transport des

condamnés à la maison de justice : 105,430 f. 81

Les 2,197 individus déclarés solvables par le compte rendu se sont probablement libérés. Comme il est prononcé chaque année environ 600 à 615,000 condamnations répressives pour un total de 12 à 13 millions, l'importance d'une condamnation varie de 21 à 22 fr. en moyenne. L'exercice de la contrainte par corps a donc procuré en 1875 le recouvrement de 2,197 fois 22 fr. ou................................... 48,334 fr. »

Outre le remboursement des salaires d'huissier et des primes de gendarmes (2,197 fois 5 fr.)...... 10,985 »

De sorte que pour recouvrer.... 59,319 »
Le Trésor a dépensé........... 105,430 81
Ce n'est pas tout à fait le double.

(1) Décret du 7 avril 1813, art. 6; Ordonn. des 25 février 1832 et 19 janvier 1846.

Cette disproportion entre les dépenses et les recouvrements n'est point particulière à 1875. Elle se retrouvera dans les années suivantes comme elle s'est produite antérieurement. Elle ne paraît pas avoir jamais fixé l'attention, peut-être parce que la plus grande partie de la charge, l'entretien des détenus, grève le budget du ministère de l'intérieur, tandis que le surplus des frais et les recouvrements sont inscrits au budget du ministère des finances. Toutefois l'élévation de la dépense d'entretien des détenus pour dettes envers l'État a été dénoncée par les conseils généraux, chaque année, jusqu'au jour où la loi de finances du 25 mai 1855 a chargé l'État de pourvoir aux dépenses des maisons de justice qui affectaient auparavant les budgets départementaux.

Le travail des détenus ne procure aucune compensation pécuniaire, car ce travail est nul ou tout au moins improductif pour le Trésor.

On ne peut, d'ailleurs, pas dire que l'emprisonnement a surtout pour but de punir et de moraliser les débiteurs d'amendes, puisque la contrainte par corps n'est considérée que comme une voie de recouvrement, un moyen de forcer ces débiteurs à user des ressources qu'ils auraient dissimulées et qu'ils pourraient encore posséder malgré leur état d'insolvabilité apparente (1).

(1) Voir les considérants de la décision du 17 janvier 1852 et l'exposé des motifs de la loi du 22 juillet 1867.

Toutefois, l'exposé des motifs de la loi du 22 juillet 1867 ajoute que l'incarcération est, à un certain degré, la substitution d'une peine à une autre.

Bien que ce dernier argument soit énoncé d'une manière accessoire en quelque sorte, bien que la loi le contredise, car elle n'admet pas comme libéré le débiteur qui a été incarcéré pendant le temps qu'elle a fixé (1), examinons, néanmoins, dans l'hypothèse de transformation de la peine, quels peuvent être les effets de la contrainte par corps au point de vue de la répression et de la moralisation des détenus.

Des éclaircissements péremptoires nous sont fournis à cet égard par le rapport de M. Bérenger sur la loi concernant le régime des prisons départementales, qui a été votée le 5 juin 1875.

On lit dans ce rapport :

« A part 67 prisons ou nouvellement construites ou établies sous le gouvernement de Juillet en vue du système cellulaire et dont les dispositions intérieures permettent l'isolement des détenus pendant la nuit, toutes offrent... la promiscuité absolue.

« Le travail est mal assuré. Souvent il n'existe pas.

« L'insuffisance du nombre des gardiens rend la surveillance inefficace.

(1) Instruction générale sur le service des amendes, du 20 septembre 1875, art. 235.

« Enfin, parmi ces prisons, celles d'arrondisse-
ment n'offrent le plus souvent de séparation bien
réelle qu'entre les sexes................... »

« Dans certaines grandes villes, le quartier
des femmes réunit les filles soumises retenues
administrativement pour infraction à la police
des mœurs et les autres détenues. Les jeunes filles
sont à peu près partout mêlées aux adultes.
Même dans les maisons les plus vastes, le système
le mieux étudié de classification laisse inévitable-
ment côte à côte, parmi les condamnés, celui qui
purge une peine de simple police ou une *ordonnance de contrainte par corps*, et le malfaiteur
éhonté destiné à la maison centrale, peut-être à
la transportation. »

« Il est à craindre, dit encore le même rapport,
que le régime actuel n'ait affaibli l'idée de châtiment, et perdu, au moins pour les petites peines,
presque tout caractère d'intimidation. Bien nour-
ris, bien vêtus, soignés avec sollicitude, chauffés
en hiver, souvent dispensés de travail par le chô-
mage, les détenus jouissent parfois d'un bien-
être supérieur à celui qu'ils trouveraient à l'état
de liberté. ....

« La perspective de l'existence sans besoins,
presque sans contrainte, parfois sans travail, qu'offrent aujourd'hui ces maisons, n'est point indif-
férente à l'accroissement de population qui s'y
remarque aux approches de l'hiver. »

S'il est permis à l'auteur d'évoquer ici un souvenir personnel, il ajoutera que, appelé au début de sa carrière à séjourner dans divers départements où les délits ruraux sont nombreux, il a vu maintes fois des condamnés, sous le coup de la contrainte par corps, demeurer insaisissables durant l'été, se faire capturer à l'envi vers la fin de novembre et se rendre alors sans le moindre souci à la prison comme à une station d'hivernage.

Combien ces considérations paraissent effrayantes quand on songe que, sur 5,217 individus contraints par corps en 1875, le tiers au moins a été retenu plus d'un mois (1).

Dans quels sentiments ces individus ont-ils repris la vie libre, après s'être familiarisés avec les adeptes du vice et du crime, après avoir fait l'épreuve du régime de la maison de justice? — L'emprisonnement collectif n'a-t-il pas été pour eux l'école de la dépravation et, comme le dit énergiquement M. Bérenger (2), le noviciat de la récidive? Leur jugement faussé n'a-t-il pas opposé aux ennuis de la privation de liberté les avantages matériels du séjour dans la prison? De sorte qu'ils regretteront peut-être cette existence sans droits, mais sans besoins, et qu'ils chercheront à la retrouver pour échapper à la gêne et aux devoirs du foyer.

(1) Compte rendu de l'administration de la justice criminelle.

(2) Rapport déjà cité sur la loi du 5 juin 1875.

Car il n'est pas de famille qui ne ressente les effets de l'incarcération de l'un de ses membres. Si elle frappe le père ou la mère, les enfants vagabondent dans la misère ou l'abandon, et l'abaissement de leur vie les dispose à être dociles aux préceptes comme aux exemples que le détenu va leur rapporter de la prison. Si c'est le fils ou la fille, que deviennent les parents vieillis et quel fruit le reste de sa famille ou ses camarades retireront-ils de sa fréquentation quand il sera rendu à la liberté?

Voilà donc quels peuvent être les résultats de la contrainte par corps au double point de vue de la répression et de la moralisation des débiteurs d'amendes. Sans doute, quelques-uns de ces dangers disparaîtront quand on aura pleinement exécuté les prescriptions de la loi du 5 juin 1875 relatives à l'emprisonnement individuel et à l'organisation du travail dans les maisons de justice. Mais l'exécution de cette loi est subordonnée à la reconstruction et à l'appropriation des prisons départementales, par suite à des éventualités dont il serait téméraire de prévoir la prompte réalisation.

A ce moment, d'ailleurs, il pourra sembler excessif d'appliquer la détention cellulaire à l'individu condamné à une peine pécuniaire, qui ne s'est pas libéré par suite d'indigence ou même de mauvaise volonté. Dans tous les cas, l'exercice de la contrainte par corps ne cessera pas d'être une source de dépenses pour le Trésor et de préjudices pour les familles.

Enfin, l'incarcération n'acquerra sans doute pas plus d'efficacité au point de vue du recouvrement. Aujourd'hui, l'emploi de ce moyen de coercition n'a pas de grands effets à cet égard, et les autres modes de poursuite dont disposent les comptables ne sont pas beaucoup plus fructueux.

En matière d'amendes et de condamnations pécuniaires, un exercice budgétaire comprend toutes les sommes constatées à la charge des condamnés durant une année, et que les comptables doivent recouvrer pendant cette année et la première moitié de l'année suivante. Le montant des condamnations prononcées par les tribunaux de répression est de 12 à 13 millions par an. Il faut ajouter à ce total 6 à 7 millions de condamnations reprises de l'exercice précédent, par le motif que les débiteurs ont été reconnus en état de se libérer et qu'il reste encore des démarches à faire pour le recouvrement. Ainsi les comptables ont à recouvrer par exercice budgétaire de 19 à 20 millions.

Or, malgré leur zèle persistant et leur incontestable habileté, ils ne parviennent pas à toucher plus de 9 à 10 millions, c'est-à-dire environ les trois sixièmes. 6 à 7 millions (deux autres sixièmes) sont repris à l'exercice suivant. Le dernier sixième, diminué des sommes annulées par suite de grâces, représente les condamnations dont la rentrée ne peut pas être prochainement espérée.

Il est distrait des produits budgétaires et mis en réserve ou, selon l'expression technique, en surséance, afin que le payement soit réclamé plus tard si les débiteurs reviennent à meilleure fortune avant l'échéance de la prescription. Déduction faite des grâces accordées, le total des non-valeurs d'un exercice atteint au moins 3 millions. Pour les exercices 1874, 1875, 1876 et 1877, on a mis en surséance au minimum 12 millions, dont la très-majeure partie ne sera jamais recouvrée.

Au taux moyen de 22 fr. par condamnation, ce chiffre de 12 millions représente 545,454 condamnations, soit 136,363 par exercice. En rapprochant de ce nombre celui des insolvables incarcérés en 1875, soit 3,020 (1), on voit que plus de 130,000 condamnations restent chaque année dépourvues de sanction.

Ces diverses observations peuvent être résumées comme suit :

La contrainte par corps est onéreuse pour le Trésor ;

Elle a perdu presque tout caractère d'intimidation et de répression ;

(1) Compte rendu de l'administration de la justice criminelle en 1875 : 5,217 individus incarcérés, 2,197 désignés comme solvables. 5,217 — 2,197 = 3,020.

Elle affaiblit la moralité ;

Elle est préjudiciable aux familles comme à l'État ;

Enfin un très-grand nombre de condamnations demeurent sans exécution.

III

Ces conclusions, qui ne sont, hélas! que trop exactes, s'imposent à l'attention de tous. La société a le devoir d'assurer l'exécution de toutes les condamnations et de rendre cette exécution profitable pour le bien-être général, afin que la répression d'un délit entraîne tout à la fois le châtiment et la réparation du dommage causé à la chose publique. En l'état actuel, ce devoir n'est pas complétement rempli. Les voies d'exécution sont imparfaites ou insuffisantes, et l'une d'elles, la contrainte par corps, produit des effets déplorables. Une réforme de cette partie de notre législation paraît donc indispensable.

C'est le travail, ont dit fort justement les auteurs de la loi du 5 juin 1875 (1), c'est le travail qui doit être le grand agent de consolation ou de relèvement des condamnés. Mais ils ont aussi reconnu qu'il est difficile de procurer de l'ouvrage aux prisonniers, et qu'il y a de fréquents chômages dans les maisons de justice où les détentions demeurent de courte durée. En effet, le travail est organisé au moyen d'adjudications à des entrepreneurs. Or, ceux-ci ne peuvent être empressés de soumissionner pour les maisons de justice dont la population, toujours variable, est

(1) Rapport de M. Bérenger sur cette loi.

soumise à des renouvellements multipliés. Dans tous les cas, pour tirer le meilleur parti possible de leur marché, ils divisent le labeur à l'infini et le réduisent pour chaque détenu à l'accomplissement répété d'une tâche insignifiante dont l'utilité lui échappe.

Préoccupés de combattre l'oisiveté des hôtes des maisons de justice, les auteurs de la loi de 1875 ont cité l'exemple de l'Angleterre (1) qui leur fait décorder des câbles, et ils ont exprimé l'avis que le ministère de la marine pourrait à cet égard fournir un précieux secours au régime pénitentiaire, comme il l'a déjà fait dans certaines parties de la Bretagne.

Sans doute l'oisiveté disparaîtrait ainsi, et les prisonniers seraient soustraits à un grand nombre de rêveries mauvaises; mais un travail forcé et à leurs yeux sans portée pratique ne les relèverait pas. Si le séjour dans la prison n'aggravait pas leur état moral, il ne l'améliorerait point. On n'aurait ainsi résolu que la première moitié du problème. Or, la solution de la seconde moitié est plus importante encore, surtout pour les condamnés dont la détention doit être courte et notamment pour les individus contraints par corps.

L'administration sait bien que l'utilité d'une tâche en allège la lourdeur, et qu'aucune n'est mieux remplie que celle qui se rapproche le plus

(1) Même rapport.

des travaux qu'il est d'usage d'accepter librement.
C'est dans cette pensée qu'ont été créés les péni-
tenciers et les colonies agricoles qu'elle entoure
d'une soll 'ude particulière.

Évidemment, la destination des maisons de
justice ne permet de les transformer ni en fermes
ni en usines, et l'on doit reconnaître que le travail n'y est possible que dans les conditions pré-
vues par les auteurs de la loi. Dès lors. c'est par
d'autres moyens que la seconde question doit
être résolue, et, puisque le séjour dans la maison
de justice ne saurait être d'une grande efficacité
pour l'amélioration du détenu, il faut s'attacher
à diminuer le nombre des cas de détention.

Ne nous demandons pas, en ce moment, si
l'obligation d'accomplir une tâche avantageuse
pour la commune ou pour l'État ne pourrait pas
être substituée à toute condamnation à quelques
jours de prison, afin qu'au lieu d'être dégradé
par l'écrou, le condamné puni d'une peine de
police fût, au contraire, appelé à se réhabiliter par
le travail. Bornons-nous aux individus contre qui
la peine de l'emprisonnement n'a pas été prononcée, et que l'on n'incarcère que pour les forcer à se libérer d'une condamnation pécuniaire.
A ceux-ci le juge n'a infligé qu'une perte d'argent. Est-il rigoureusement juste de les soumettre
au régime pénitentiaire des condamnés à la prison ? Ne vaudrait-il pas mieux qu'ils pussent échapper à la contrainte par corps en participant à des

travaux d'intérêt général ? Les efforts qu'ils feraient
ainsi pour se libérer leur rendraient peut-être
l'amour du devoir, en même temps qu'ils substi-
tueraient un profit pour la société à la perte
morale et pécuniaire que lui impose l'emprisonnement.

Eh bien ! cette œuvre d'intérêt général existe
dans la moindre de nos communes. Objet de
préoccupations incessantes, elle concerne le pau-
vre autant que le riche ; car de l'extension qu'elle
reçoit, des soins qu'on y peut donner, dépendent
les progrès de la civilisation, le développement
de l'agriculture et du commerce, le bien-être de
tous. C'est l'achèvement et l'entretien des voies
vicinales.

Déjà la prestation en nature est appliquée d'a-
près la loi du 21 mai 1836 à la confection des
chemins vicinaux, et elle s'exécute périodique-
ment en vertu de règles très-simples, éprouvées
par une pratique de longues années. La Chambre
des députés a été saisie, il est vrai, d'une proposition de supprimer la prestation en nature. Mais
cette proposition, soumise l'année dernière à l'exa-
men des conseils généraux, n'a pas rallié la majorité des suffrages. Selon le rapport fait au début
de l'année 1878 par le ministre de l'intérieur,
conformément à l'art. 10 de la loi du 11 juillet
1868, sur la situation en 1875 du service vicinal,
61 de ces conseils se sont prononcés pour le
maintien de la prestation en nature, 13 n'ont pas

émis d'avis et 13 seulement ont été partisans de la suppression. Le résumé des délibérations des 61 premiers conseils, inséré dans le même rapport, établit que la prestation s'exécute régulièrement, sans soulever ni résistance ni mécontentement, qu'elle utilise les journées inoccupées. de la morte saison, et qu'enfin elle ne fournit pas des travaux imparfaits et dont le rendement soit inférieur à celui que donnerait l'emploi d'ouvriers salariés. La conclusion du Ministre est que la prestation est un des éléments essentiels de la prospérité de nos voies vicinales, et que le système n'en doit pas être changé.

Du reste, les auteurs de la proposition de loi ne critiquent la prestation que parce qu'ils la considèrent comme détruisant le principe de la proportionnalité de l'impôt, en ce sens que, d'après l'évaluation du prix des journées, le contribuable qui accomplit la prestation serait plus fortement grevé que celui qui se rachète en argent. Or, cette considération perd toute portée quand il s'agit de condamnations pécuniaires, car le délinquant frappé par la justice ne peut s'en prendre qu'à lui-même du sort qu'il s'est fait.

Au surplus, la prestation en nature est admise depuis plus de quinze ans pour l'acquittement de certaines condamnations, et cette pratique n'a soulevé aucune objection de la part des députés qui attaquent le système de la loi du 21 mai 1836.

Une commission de l'Assemblée législative avait

disposé, dans un projet rédigé en 1851, que les délinquants forestiers pourraient être admis, soit avant, soit après le jugement, à se libérer des peines pécuniaires par eux encourues ou contre eux prononcées, en fournissant des journées de travail applicables, selon les cas, à l'entretien des forêts ou sur l'atelier des chemins vicinaux. Consacrant cette initiative, une loi du 18 juin 1859 a introduit des prescriptions conformes dans les art. 210 et 215 du Code forestier. Le conseil général fixe par commune la valeur de la journée de prestation, qui peut d'ailleurs être fournie en tâches. Un règlement d'administration publique du 21 décembre 1859 a déterminé l'attribution des prestations aux ayants droit, et un arrêté du ministre des finances, du 27 décembre 1861, a tracé les règles d'exécution. L'un et l'autre de ces documents prévoient l'allocation de frais de nourriture aux délinquants qui en font la demande.

Les renseignements recueillis de divers côtés permettent d'avancer que ces mesures ont donné de bons résultats. Pour n'en citer qu'un, la contrainte par corps qui, durant l'année 1858, avait été pratiquée contre 1458 condamnés forestiers, ne l'a plus été, en 1863, quatre ans après le vote de la loi du 11 juin 1859, que contre 893.

Toutefois, les cas d'application de la prestation en matière forestière sont rendus assez rares par cette circonstance que la loi du 18 juin 1859 a également autorisé l'administration des forêts à transiger avec les délinquants, soit avant, soit après la condamnation, et que les transactions très-nombreuses qui ont lieu au moment de la constatation du délit diminuent considérablement le total des condamnations à exécuter.

Un décret du gouvernement de la Défense nationale, en date du 7 septembre 1870, a déclaré les dispositions de la loi du 18 juin 1859 et du règlement du 21 décembre de la même année applicables aux délits ou contraventions en matière de grande voirie, de pêche maritime ou de pêche fluviale.

Ce décret ne paraît pas avoir été exécuté jusqu'ici. L'exécution en est effectivement plus difficile que celle des prescriptions relatives aux délits dans les forêts. Définis et caractérisés par le Code forestier, ces délits sont punis de peines tarifées et graduées d'une façon presque mathématique : de sorte que l'on peut dire qu'en participant à la transaction qu'il a acceptée, l'inculpé s'est jugé lui-même : il a acquiescé d'avance à une condamnation qui était inévitable. C'est, d'ailleurs, comme représentant légal de l'État pour les bois domaniaux, des communes et des établissements publics pour leurs bois, que l'administration forestière transige sur des délits dont la répression est particulièrement poursuivie dans l'intérêt de la conservation des bois.

Au contraire, pour les délits de grande voirie, de pêche maritime ou de pêche fluviale, la culpa

bilité n'est souvent acquise qu'après instruction;
on ne saurait prévoir la sentence du juge, et loin
d'agir au nom des droits de propriété de l'État
ou de la commune sur un domaine particulier,
l'administration défend les prérogatives du
domaine public en vertu de règles de police générale.

Ces considérations s'appliquent avec plus de
force encore aux délits en matière ordinaire
dont la répression intéresse la stabilité de la
société et la sécurité des citoyens. Dans ces divers
cas, les magistrats chargés de l'instruction et de
la poursuite n'ont aucun pouvoir pour transiger
avant le jugement; les sentences judiciaires ne
peuvent être revisées qu'a la suite d'appels ou de
pourvois, et, quand elles sont devenues définitives,
le chef du Gouvernement a seul qualité pour en
adoucir la rigueur par voie de grâce.

Les collecteurs des condamnations pécuniaires,
qui sont exclusivement agents financiers, ne sau-
raient transiger sur ces condamnations sans s'im-
miscer dans la fonction judiciaire. En outre, le
produit des amendes recouvrées est loin de demeurer toujours acquis au Trésor. Dans la pensée d'appliquer l'amende à la fraction du corps
social plus spécialement lésée par le délit, d'assurer l'existence d'institutions indispensables au
public, ou d'encourager le zèle des agents de
surveillance, le législateur a attribué ce produit,
tantôt aux communes ou aux départements, tan-

tôt aux hospices ou à d'autres services d'assistance publique; il en a souvent réservé une part aux agents qui ont constaté les infractions, et il n'a retenu pour l'État que les amendes prononcées pour des faits dont la répression lui a paru constituer en quelque sorte une mesure de sûreté générale.

Il semble donc qu'en matière de voirie, de pêche maritime ou de pêche fluviale, et plus spécialement encore en matière de délit ordinaire, aucune transaction n'est possible avant que la juridiction compétente ait constaté la réalité du fait délictueux et prononcé la condamnation. Et nul doute que si, au lieu du droit de grâce, qui n'est exercé que dans des cas exceptionnels et peu nombreux, la transaction était organisée après la condamnation suivant des règles analogues à celles qui existent en matière forestière, cette pratique soulèverait les réclamations des magistrats qui maintiendraient l'intégrité de leur juridiction répressive, et des ayants droit aux amendes recouvrées (départements, communes, hospices, agents, etc.), dont les ressources se trouveraient diminuées.

Ces distinctions n'ont pas échappé aux auteurs de la loi du 18 juin 1859. Ainsi, pour les infractions commises dans les bois des particuliers non soumis au régime forestier, ils n'ont admis la transaction ni avant ni après le jugement, parce que les condamnations qui reviennent alors à

2.

l'État ont un caractère exclusivement répressif.

Mais convertir une condamnation en prestation, ce n'est pas transiger : c'est uniquement substituer le payement par le travail au payement en argent. Les auteurs de la loi de 1859 n'ont dès lors pas hésité à ouvrir cette voie de libération aux condamnés pour délits dans les bois particuliers non soumis au régime forestier, en ce qui concerne les amendes et les frais avancés par l'État.

« En ce cas, » d'après l'art. 215 de Code forestier, « les prestations en nature doivent être exécutées sur les chemins vicinaux dépendant de la commune sur le territoire de laquelle le délit aura été commis. »

Il n'est pas question de travaux dans les forêts, parce que les délits ou contraventions n'ont pas été commis dans des bois soumis au régime forestier, et parce que les amendes sont alors attribuées aux départements ou aux communes, et non à l'État.

Ces dispositions peuvent nous servir de justification et de guide. En n'autorisant pas la transaction, mais en admettant le travail comme voie libératoire pour des condamnations sans caractère spécial, le législateur a reconnu que si nos institutions ne se concilient pas aisément avec la faculté de transiger sur les délits ordinaires, elles ne sont nullement contraires à la conversion en travail des condamnations pécuniaires qu'ont motivées ces délits. De même la destination donnée au travail des condamnés, tant par l'art. 210 que par l'art. 215 du Code forestier, indique dans quel esprit la prestation doit être imposée pour ne léser aucun intérêt.

Ainsi la conversion des condamnations pécuniaires n'est point prohibée par notre législation, et elle demeurera légitime si elle n'entraîne ni aggravation ni réduction dans la pénalité, si elle ne préjudicie à aucun des droits établis sur les sommes recouvrées.

IV

Pour démontrer qu'il est possible d'arriver à ce double résultat, il faut établir que la réduction des peines pécuniaires en journées de travail et l'application de ce travail peuvent faire l'objet de règles justes, précises et d'une exécution facile.

Les tribunaux qui prononcent les condamnations auxquelles la contrainte par corps est actuellement applicable, ont seuls qualité pour fixer la durée de cette contrainte dans les limites que la loi a déterminées. Le règlement d'une coercition aussi rigoureuse a semblé ne pouvoir être donné qu'à la juridiction répressive. Chaque fois que le juge édicte une peine pécuniaire, il fixe le temps pendant lequel le délinquant sera incarcéré à défaut de payement. Si cette fixation a été omise, l'agent du Trésor ne peut provoquer l'emprisonnement qu'après avoir obtenu des magistrats un règlement complémentaire.

A plus forte raison, la désignation du nombre de journées de travail, dont l'accomplissement libérerait d'une peine pécuniaire, devrait appartenir exclusivement à l'autorité qui prononce la condamnation, car l'accomplissement de ce travail emporterait libération, tandis que la contrainte par corps n'est qu'un moyen de recouvrement. Toutefois la loi du 18 juin 1859 a pris un autre parti. Fidèle au système adopté pour l'impôt des prestations, elle a chargé les conseils généraux d'établir la valeur de la journée de travail, de manière que l'agent du Trésor n'a plus qu'à appliquer cette valeur, comme une sorte de tarif, à la condamnation pécuniaire pour fixer le nombre de journées nécessaires à la libération. Mais, outre l'inconvénient de faire intervenir un corps exclusivement administratif dans l'exercice de la juridiction répressive, cette loi n'a pas échappé à un autre écueil. Les conseils généraux sont habitués à déterminer la valeur de la journée de travail, en vue du rachat de la prestation en nature. Quand il s'agit, au contraire, d'assurer la libération par le travail des peines pécuniaires, on peut craindre que les fixations des conseils généraux ne soient pas assez élevées ; c'est, du moins, ce que prétendent les députés qui ont proposé de supprimer l'impôt des prestations en nature, principalement à cause des inégalités que les rachats en argent introduiraient dans l'acquittement de cet impôt.

Dans cette hypothèse, l'application de la loi du 18 juin 1859 entraînerait une aggravation de la peine prononcée. Comme on l'a déjà remarqué d'ailleurs, le conseil général, fort compétent quand il s'agit de régler la perception d'un impôt spécialement affecté aux chemins vicinaux, paraît détourné de ses véritables attributions quand il délibère sur une matière qui intéresse la répression. C'est à l'autorité qui a prononcé la peine et à cette autorité seule qu'il peut appartenir d'en régler la transformation.

Il ne serait certes pas bien compliqué de poser dans une loi le principe de la libération par le travail et d'y indiquer, comme la loi du 22 juillet 1867 l'a fait pour la contrainte par corps, les nombres maxima et minima de journées de travail qui seraient applicables à chaque catégorie de condamnations pécuniaires. Seulement cette loi nouvelle devrait stipuler pour toutes les condamnations répressives sans exception, et non pas uniquement pour celles qui comportent aujourd'hui la contrainte par corps. Après avoir prononcé une condamnation, le magistrat fixerait le nombre de journées de travail par lesquelles on pourrait s'en libérer, et il déterminerait ce nombre en tenant compte du salaire habituel du délinquant, du prix et des fluctuations du travail dans la résidence de celui-ci, toutes circonstances dont un tribunal peut être le meilleur et le plus éclairé des appréciateurs.

La conversion des peines s'effectuerait ainsi sans qu'il en résultât aucune aggravation ni aucun amoindrissement dans la répression, et la libération par le travail présenterait avec le payement en numéraire ces conditions d'égalité dont on critique l'absence dans l'impôt des prestations.

L'exécution du travail a été réglée, en ce qui concerne les délits forestiers, par le décret du 21 décembre 1859 et par l'arrêté du Ministre des finances du 27 décembre 1861. Appliquées depuis lors sans difficulté et devenues d'une pratique plus commode encore depuis que l'art. 25 de la loi du 29 décembre 1873 a confié le recouvrement des condamnations pécuniaires, aux comptables déjà chargés de l'impôt des prestations, ces règles seraient aisément étendues à toutes les condamnations. On y apporterait les additions et modifications dont l'utilité serait révélée par l'étude attentive des diverses natures de condamnations et de la situation des condamnés. A la campagne, le travail de libération serait fourni en même temps et de la même manière que la prestation en nature; les villes qui n'ont pas de prestations pourraient employer ce travail à leurs opérations de voirie.

La plus grande difficulté de la conversion consisterait dans l'application de la valeur du travail au solde des condamnations. Ces condamnations comprennent des amendes, des dépens ou frais de justice, et, parfois, des frais de réparation, dommages-intérêts ou restitutions. Or, en matière de délits ordinaires, les frais de justice sont avancés par l'État, sauf le cas où une partie civile intervient; ils doivent être remboursés après condamnation, à l'État ou à la partie civile : les frais de réparation, dommages-intérêts ou restitutions sont alloués par le juge à la partie lésée, c'est-à-dire, selon les cas, à l'État, à la commune ou au département, à un établissement public ou à un individu : les amendes sont attribuées pour la plupart aux communes ou aux départements, d'autres aux hospices ou à des services de bienfaisance, le plus petit nombre reste à l'État, et sur certaines un prélèvement est fait au profit des agents qui ont constaté les délits.

Les parties civiles recouvrent directement les frais de justice qu'elles ont avancés. Il en est de même pour les indemnités ou dommages-intérêts alloués à des particuliers. Les autres condamnations pécuniaires sont encaissées par les agents du Trésor, qui en tiennent compte aux divers ayants droit. Enfin, les amendes recouvrées en matière de police correctionnelle forment, pour chaque département, un fonds commun que le Préfet distribue selon des règles déterminées.

La libération par le travail ne lésera donc aucun intérêt si la valeur pécuniaire du travail accompli pour acquitter une condamnation est appliquée proportionnellement aux droits des intéressés. Comme ce travail ne peut être fait que sur les chemins ou sur les voies urbaines, on serait conduit, en l'état actuel de la législation, soit à répartir l'exécution du travail, comme les condamnations payées en numéraire, de façon que la tâche libératoire soit exécutée dans divers lieux successivement pour le compte de l'État, du département, de la commune, etc., soit à localiser ce travail dans la voirie urbaine ou vicinale, en imposant aux villes ou aux communes l'obligation de rembourser aux ayants droit la valeur des journées ou des tâches dont elles auraient indûment profité.

Ces deux systèmes seraient également impraticables. Le premier donnerait à la conversion un caractère vexatoire et il imposerait aux condamnés des déplacements pénibles. Le second obligerait les communes et les villes à des remboursements nombreux qui paralyseraient la marche de leurs budgets. L'un et l'autre nécessiteraient des écritures multipliées et une surveillance des plus minutieuses.

Mais une simple modification dans la législation fiscale suffirait pour faire disparaître tous ces inconvénients.

Le recouvrement des amendes et des condamnations pécuniaires est aujourd'hui opéré par les percepteurs des contributions directes, sous la responsabilité des receveurs des finances et des trésoriers-payeurs généraux. Ces agents du Trésor sont aussi les préposés de la Caisse des dépôts et consignations dans les départements. Supposons cette caisse substituée au Trésor pour la recette des amendes et condamnations pécuniaires et pour la répartition aux ayants droit.

La Caisse des dépôts et consignations est en compte permanent avec l'État, avec les départements, avec les communes et les établissements publics. Elle gère la dotation des chemins vicinaux instituée par la loi du 11 juillet 1868 sous

2.

la garantie de l'État, et dont on propose en ce moment aux Chambres d'augmenter les ressources. Elle a également reçu l'administration de la Caisse des écoles qui vient d'être créée (1). Elle fait des prêts aux départements, aux communes et aux établissements publics. Elle est dépositaire des fonds disponibles de ces établissements.

Rien ne serait donc plus simple pour elle que de répartir, entre les ayants droit, les condamnations dont la rentrée aurait été poursuivie par les agents du Trésor, ses préposés, conformément aux règles en vigueur, et qui auraient été acquittées soit en numéraire, soit en prestations. Les frais de justice, dommages et amendes revenant à l'État seraient précomptés sur les subventions dues par le Trésor pour les chemins vicinaux ou pour les écoles. Les sommes attribuées aux communes ou aux établissements publics seraient portées à leur crédit. Quant aux parts d'amendes affectées à des services particuliers ou destinées aux auteurs des procès-verbaux, elles seraient payées par la Caisse comme elles le sont aujourd'hui par le Trésor.

Lorsque des condamnations auraient été libérées par le travail, on inscrirait au débit du département ou de la commune qui aurait profité du travail, la portion de la valeur de ce travail représentative de la part des condamnations sur laquelle le département ou la commune n'avait aucun

(1) Loi du 1er juin 1878. Décret du 10 août 1878.

droit, et l'on tiendrait compte de cette part aux intéressés comme si elle avait été payée en argent.

Aux époques fixées, les amendes ou parts d'amende revenant aux divers attributaires seraient liquidées et réglées conformément aux prescriptions en vigueur. A la fin de l'année, les crédits et les débits de chaque département ou de chaque commune seraient balancés. Les soldes créditeurs viendraient en atténuation des dettes du département ou de la commune envers la Caisse des dépôts, ou seraient effectivement payés. Les soldes débiteurs seraient prélevés par la Caisse sur les subventions distribuées par l'État.

Ainsi disparaîtraient les difficultés pratiques que le système actuel oppose à la conversion en journées de travail des condamnations pécuniaires. Ainsi seraient sauvegardés les droits établis sur les condamnations. Et de plus, l'intervention de la Caisse des dépôts réduirait aux opérations strictement indispensables les écritures et les déplacements de fonds qu'entraîne aujourd'hui le règlement de ces droits.

Que faudrait-il pour atteindre ces résultats? Édicter dans une loi les préceptes suivants :

1° Abolition de la contrainte par corps ;

2° Obligation imposée à tout condamné de se libérer, à défaut de payement en numéraire, par un travail exécuté sur les chemins vicinaux ou sur les voies urbaines ;

3° Fixation des nombres minima et maxima des

journées de travail applicables à chaque catégorie de condamnations pécuniaires ;

4° Obligation pour le magistrat de déterminer dans chaque jugement de condamnation répressive, suivant les limites réglées par la loi, le nombre de journées de travail que le condamné devra accomplir pour se libérer à défaut de payement en numéraire ;

5° Remise à la Caisse des dépôts et consignations du soin de recouvrer les amendes et condamnations pécuniaires, et de répartir entre les divers ayants droit le montant des condamnations acquittées en argent ou en travail ;

6° Renvoi à un décret pour la fixation des règles particulières d'exécution.

Recherchons à présent quels seraient les résultats de ce système et examinons les objections qu'on peut y faire.

V

Les résultats moraux de la mesure proposée ressortent suffisamment de l'étude qui précède, pour qu'il paraisse inutile d'y insister. Quant aux effets financiers, l'appréciation en est facile.

D'abord l'État cesserait de dépenser plus de 100,000 francs pour en recouvrer moins de 60,000. Il rentrerait, en outre, dans la presque totalité des frais qu'il expose pour la poursuite des délits et des contraventions, puisque le montant des frais remboursés, soit en argent, soit en travail par les redevables, serait précompté sur les subventions dues par le Trésor à la Caisse des chemins vicinaux ou à celle des écoles. Enfin, l'on verrait disparaître l'insuffisance actuellement signalée dans les ressources applicables aux dépenses de la voirie vicinale.

Le rapport sur ce service, publié en janvier 1878, par le Ministre de l'intérieur, conformément à l'article 10 de la loi du 11 juillet 1868, fait connaître, p. 33 et suivantes, que les ressources créées par la loi du 21 mai 1836 sur les chemins vicinaux ne sont plus en relation avec le développement que ces chemins ont pris. Le chiffre des longueurs à entretenir augmente, et celui des ressources demeure stationnaire. Ainsi les chemins actuels mesurent 438,241 kilomètres dont

l'entretien annuel est évalué à   89,488,867 fr.
tandis que les départements et les
communes peuvent disposer au
plus chaque année de . . . . .   87,469,912 fr.

Il y a donc excédant de dépense de   2,018,955 fr.
On doit, en outre, tenir compte de l'élévation graduelle du prix de la main-d'œuvre, de l'accroissement des longueurs à entretenir et des inégalités qui existent entre les départements dont les uns ont des ressources supérieures aux besoins, tandis que les autres sont en déficit permanent.

Aussi le même document constate-t-il que la législation actuelle est insuffisante pour assurer dans l'avenir l'entretien des voies vicinales. Le Ministre de l'intérieur se rallie, par suite, sous certaines réserves, à une proposition présentée à la Chambre des députés par M. Camille Sée, et qui porte, notamment, élévation à quatre du nombre des journées de prestation, et faculté d'imposer d'office.

On a vu, plus haut, qu'en ce qui concerne les amendes et condamnations pécuniaires, chaque exercice budgétaire présente un minimum de non-valeurs d'environ 3 millions. Il est donc permis d'espérer que la conversion de ces non-valeurs en journées de travail ferait disparaître le déficit annuel, puisqu'il n'est évalué qu'à 2,018,955 fr. Les ressources produites par la conversion s'élèveraient, d'ailleurs, à plus de 3 millions, car cette mesure pourrait être immédiatement appliquée à un grand nombre des condamnations qui se trouvent en surséance. De même, les reports d'un exercice à l'autre cesseraient de comprendre les deux sixièmes des sommes consignées durant cet exercice, à la charge des condamnés. En effet, les règles établies pour l'acquittement de l'impôt des prestations en nature pourraient être étendues à la conversion des peines pécuniaires, de telle sorte que ces condamnations fussent libérées en travail pendant l'exercice même où elles auraient été consignées. — Ce n'est point ici la place des détails techniques, mais si l'on veut bien étudier dans le *Dictionnaire de la Perception*, 4e édition, vo PRESTATION, p. 985 et suivantes, les méthodes en usage pour l'exécution de la prestation en nature, on se convaincra sans doute que rien ne s'opposerait à l'extension proposée.

Et comme les contrées les moins riches sont aussi celles où les délits ruraux se produisent en plus grand nombre, il est à croire que la libération par le travail favoriserait surtout les départements qui accusent le plus grand déficit dans leurs ressources applicables au réseau vicinal.

Enfin, l'intervention de la Caisse des dépôts et consignations, dans les conditions où elle est proposée, permettrait de réduire à des opérations de *clearing-house*, pour ainsi dire, la majeure partie des échanges de mandats et de justifications et des déplacements effectif de fonds qui ont lieu actuellement entre des services financiers en rapports de tous les jours.

La généralisation du principe de la conversion, maintenant limité aux condamnations forestières et l'intervention de la Caisse des dépôts offriraient donc des avantages incontestables. Il reste à rechercher et à discuter les objections que l'on peut faire à ce système.

Dans la pratique, comme en théorie, ces objections semblent se résumer à trois principales :

Difficultés d'exécution de la mesure proposée; frais occasionnés par cette mesure et par l'intervention de la Caisse des dépôts et consignations; caractère vexatoire du travail imposé.

La prestation en nature est pratiquée depuis 1837. D'après l'enquête qui vient d'être faite (1), les conseils généraux constatent en grande majorité qu'elle s'exécute très-régulièrement et ils en demandent le maintien, parce qu'elle ne soulève aucun mécontentement, qu'on y est habitué, qu'elle utilise les journées de la morte-saison et que la construction ou l'entretien des chemins vicinaux profite à tous en donnant de l'essor aux industries les plus diverses. Certains conseils généraux déclarent, en outre, que la prestation ne fournit pas des travaux imparfaits et dont le rendement soit inférieur à celui que donnerait l'emploi d'ouvriers salariés.

(1) Rapport du Ministre de l'intérieur (p. 22 et suiv.).

De même, la libération par le travail est appliquée aux condamnations en matière forestière depuis 1861, et elle ne paraît pas avoir donné lieu jusqu'ici à la moindre complication.

Pourquoi en serait-il différemment à l'égard des autres condamnations ? La conduite à l'atelier de travail d'un plus grand nombre d'ouvriers est seulement une question de mesure et de surveillance dont la solution se trouvera sans peine au moyen de l'extension des règlements actuels. Il n'est pas un homme possédant l'usage de ses membres qui ne puisse être utilement occupé sur une voie urbaine ou vicinale; quelle que soit sa spécialité, il y trouvera toujours une tâche à remplir. Au surplus, les habiles ouvriers de l'industrie gagnent des journées qui leur permettent de se libérer en argent quand ils .ont encouru une condamnation, et, en outre, le plus grand nombre des délits sont des délits ruraux commis par des gens habitués à manier la terre. De leur côté, les femmes et les adolescents des deux sexes seraient aisément employés à certains des travaux de manœuvre que nécessite la voirie urbaine ou vicinale. Ne vaut-il pas mieux s'ingénier à marquer leur tâche que de rechercher, par exemple, si une jeune fille a seize ans pour l'envoyer en prison (1).

La déperdition de force qu'occasionne le dé-

(1) Loi du 22 juillet 1867, art. 13.

placement des prestataires diminuerait en raison de l'augmentation du nombre des prestations, car cette augmentation permettrait d'entreprendre tous les travaux utiles et, par suite, de grouper les travailleurs autour de leur commune, au lieu de se borner, comme aujourd'hui, à pourvoir aux travaux urgents forcément disséminés et parfois à de grandes distances.

Comme la libération par le travail serait accomplie en même temps que la prestation imposée par la loi de 1836, les condamnés appelés à se libérer useraient des outils et des instruments réunis pour les contribuables et obéiraient aux mêmes entrepreneurs ou régisseurs. Et, s'il fallait leur procurer un matériel, la dépense de location serait moindre et autrement utile que celle de l'emprisonnement. On aurait, du reste, à répartir cette dépense sur les condamnés au prorata du nombre des journées de travail.

A ce point de vue, peut-être serait-il inutile de parler des frais d'exécution de la libération par le travail, puisque ces frais devraient être couverts par le labeur des condamnés comme ceux du recouvrement sont remboursés avec la condamnation principale en cas de payement en numéraire. Mais il n'est pas sans intérêt de faire remarquer que les premiers resteraient inférieurs aux seconds, car la prestation est appliquée, sans l'intervention d'aucun officier ministériel, sous la conduite d'agents à traitement fixe de l'État ou de la com-

mune, et les documents qui constatent cette application sont des écrits administratifs, exempts de
toute formalité comme de tout impôt.

Quant aux frais de gestion de la Caisse des
dépôts et consignations, ils ne seraient pas autres
que ceux que débourse aujourd'hui le Trésor et
pour lesquels il retient 5 p. 100 sur les sommes
qu'il doit reverser aux communes, aux établissements publics ou à des tiers. Ces frais de
gestion se confondraient avec les commissions
que les départements et les communes payent
à cette Caisse pour leurs emprunts et les diverses
opérations qu'elle effectue dans leur intérêt.
Loin même de rester sans compensation,
comme la retenue de 5 p. 100, ils seraient atté-
nués jusqu'à un certain point par les intérêts
dont la caisse devrait tenir compte selon ses règlements.

En ce qui concerne les condamnés, l'obligation
d'accomplir des journées de travail ne serait-elle
pas moins onéreuse que le séjour en prison? Et la
charge pourrait encore être adoucie, soit au
moyen de l'allocation de frais de nourriture,
comme le prévoit déjà la loi du 18 juin 1859,
soit par la réduction des journées en tâches,
soit par la transformation du nombre des
journées en un nombre double de demi-
journées, de manière que, en travaillant tout le
jour, le condamné pût à la fois se libérer de sa
dette et s'assurer un salaire.

Reste la troisième objection, et à vrai dire la principale, car elle repose sur l'argument le plus cher aux adversaires de la prestation en nature.

« C'est la corvée rétablie », disent-ils, en évoquant un souvenir antérieur à 1789. Mais la corvée était le travail imposé par le seigneur haut-justicier et principalement réglé d'après les besoins de son domaine; tandis que la prestation est le travail fait dans des limites légales, pour soi-même, pour ses semblables, pour le développement des conditions de bien-être de la communauté. La conversion aurait, d'ailleurs, pour résultat de substituer le travail à l'emprisonnement. Faut-il rechercher ce qu'une telle substitution présenterait de vexatoire? S'il se rencontre des gens qui revendiquent pour l'individu la liberté de se faire mettre en prison, je réclame avant eux de mon côté, je revendique pour la société la liberté d'exercer la répression de la manière qui doit le plus efficacement contribuer à l'amélioration morale et matérielle de ses membres; je revendique pour l'État le droit de faire servir à sa prospérité et à sa grandeur tous les efforts des individus sur lesquels la loi l'appelle à exercer une action.

Et quand je parle de liberté et de droit, je me trompe : c'est au nom du devoir qu'il faut parler, car c'est un devoir pour toute nation de perfectionner les préceptes de sa discipline

jusqu'à ce qu'ils atteignent le plus haut degré
de justice et d'utilité.

Sans doute, la conversion des condamnations
pécuniaires en journées de travail n'a été jusqu'ici
que timidement appliquée. Sans doute, la généralisation de cette application soulèvera quelques
difficultés au début, parce qu'elle sortira des habi-
tudes et des traditions de ceux qui auront à l'exécuter, fonctionnaires comme redevables. Quelle
est l'œuvre dont les commencements n'imposent
aucune peine? Des inconvénients de détail que la
pratique fera disparaître doivent-ils empêcher la
réalisation d'un progrès?

Or, nous connaissons exactement et les fâcheux
résultats de la contrainte par corps et l'insuffisance des ressources applicables aux chemins vicinaux. Prévenir ces résultats, améliorer ces ressources et développer en même temps l'habitude
du travail, n'est-ce pas là une entreprise digne
du suffrage d'un législateur éclairé?

Au moment de la Révolution de 1789, les idées
les plus généreuses, les vues les plus larges
et les plus grandes prirent place dans nos lois.
Mais ces belles prescriptions s'adressaient à
un peuple forcément plus préoccupé d'assurer
son indépendance que de déterminer son organisation intérieure. L'exécution en dut être réglée
par des hommes plus théoriciens que pratiques,
et que les péripéties sans cesse renaissantes des
luttes de l'intérieur et du dehors condamnaient

presque à l'intolérance ; de sorte que, dictées par une haute conception de l'humanité, elles parurent tyranniques dans l'application.

Aussi, dès que les apparences du calme succédèrent aux troubles de la fin du dernier siècle, s'empressa-t-on de restaurer autant que possible les anciennes institutions, et, loin de les vivifier, de les réformer par les préceptes nouveaux, on travestit souvent ces préceptes pour les façonner aux vieilles formules. Depuis lors, quatre-vingts ans de luttes, de dissensions et de controverses, trois invasions, d'éclatants triomphes et d'épouvantables revers nous ont appris la tolérance et la résignation ; la science a fait justice d'un grand nombre de préjugés ; l'instruction, en se répandant, a adouci les mœurs, et la perfection de nos moyens de transport a permis aux concitoyens de multiplier leurs relations, de mieux s'apprécier et de se policer les uns par les autres. Nous savons aujourd'hui qu'il n'y a pas de cause au monde qui n'ait été professée tour à tour par des martyrs et par des persécuteurs. Et, de même que nous devons choisir entre les partis celui qui respecte le plus nos droits, et nous rend plus facile l'accomplissement de nos devoirs ; de même, parmi les préceptes qui ont passionné les foules, nous devons nous attacher à ceux qui nous paraissent se rapprocher le plus de la vérité et de la justice.

C'est dans cet esprit qu'il faut étudier les mesures arrêtées par nos ancêtres de la grande Révolution et délaissées ou dénaturées plus tard, afin de remettre en vigueur celles qui représentent un progrès réel et réalisable. De ce nombre est certainement l'abolition de la contrainte par corps. En décrétant cette abolition, en substituant la libération par le travail à l'incarcération des insolvables, la société française répudiera un des plus vieux legs de la barbarie, elle se montrera vraiment fidèle au conseil de Montesquieu, car le travail n'est pas moins nécessaire que la vertu pour l'affermissement des États.

Elle n'énervera pas la répression, à moins que ce ne soit l'énerver que de réduire jusqu'à néant le total des condamnations inexécutées. Elle rendra, au contraire, cette répression plus moralisatrice et plus juste. Les auteurs de la loi de 1875 se sont efforcés de régler les conditions du séjour dans les maisons de justice, de manière que les détenus puissent en sortir meilleurs qu'ils n'y sont entrés. Diminuer le nombre des cas d'emprisonnement n'est pas une œuvre moins importante pour la société.

Cette pensée nous ramène à la question que nous avons une fois déjà laissée de côté dans le cours de cette étude. Après que la loi aurait assuré l'exécution des condamnations pécuniaires par le payement en travail à défaut de payement en argent, ne devrait-on pas procéder à une révision partielle du Code pénal, afin de remplacer par des āmendes les dētentions de courte durēe dont ce Code punit certains délits relativement peu graves et certaines contraventions de police ?

Une telle entreprise serait encore prématurēe. Le progrès est comme une montée raide et glissante, que l'on ne doit gravir qu'en assurant sa marche, car le moindre recul peut ramener au delà du point de départ. Essayons premièrement d'affranchir de la prison ceux contre qui n'ont été prononcées d'autres peines que l'amende et le remboursement des frais. Si nous réussissons ce succès nous donnera le droit d'agrandir le cercle de nos efforts. Qui sait même s'il ne conduira pas les magistrats à user de la faculté que leur donne l'article 463 du Code pénal pour remplacer, aussi souvent que possible, l'emprisonnement par l'amende, puisqu'ils auront la certitude que l'amende sera toujours acquittée.

Le pouvoir judiciaire préparerait et justifierait ainsi la réforme que l'on aurait à demander au Parlement. C'est le vrai rôle de la jurisprudence : donner à la loi l'application la plus élevée et la plus utile, en préparer le perfectionnement par une interprétation toujours libérale.

GO AHEAD.

Paris. — Imp. Tolmer et Cᵉ, 43, r. du Four-St-Germain.

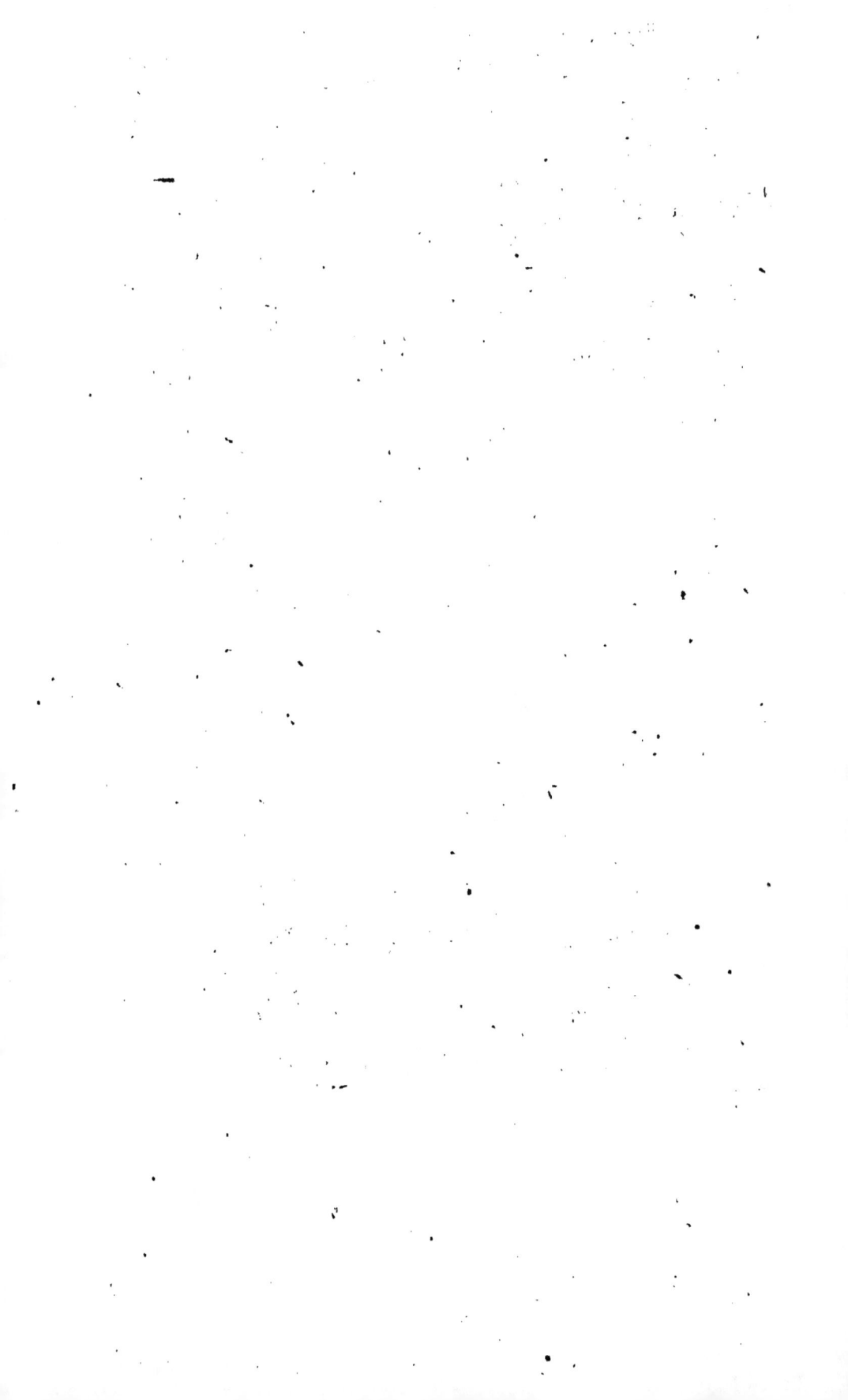

PARIS. — IMPRIMERIE TOLMER ET C⁰

43, rue du Four-Saint-Germain

www.ingramcontent.com/pod-product-compliance
Lightning Source LLC
Chambersburg PA
CBHW032313210326
41520CB00047B/3085